Hamelin Y El Estafador Flautista

Cuentos de Ciberseguridad para Aprender y Colorear

Sandra Estok

Adaptación de la historia por Elisha Fernández

Ilustraciones creadas por Elisha Fernández

Traducido por Elisha Fernández

Diseño de portada de SocialClose Media Agency con ilustraciones de Elisha Fernández

Publicado por thePositiveMOM.com

Este libro está dedicado a Elisha: ¡Eres brillante y te amo!

Érase una vez, como en muchos cuentos
de encanto,

Más allá de un río profundo y ancho,

Está una ciudad agradable, en el campo,

Donde nunca se escuchó una queja ni un llanto,

Un lugar peculiar llamado Hamelin,
con orgullo, tanto!

Escucha el clack de sus teclados

Los teléfonos pitando y los niños holgados

jugando en sus tabletas y de bocadillos saciados,

Cuando un día, un truco desafortunado

Infectó los dispositivos de Hamelin - un
ataque osado.

¡Insectos informáticos!

Se arrastraban en los servidores a engañar,

Evitando a la gente sus navegadores explorar.

Robaron sus datos, haciéndolos enojar,

Todos empezaron a pelear,

Pues les dañaron la tecnología de Hamelin
en un pestañear.

“Tenemos que hacer algo,” se oye la gente decir.“

¡Debe haber una manera de hacerlos huir!

Nuestras familias están cansadas de
tantos pitidos oír,

Necesitamos averiguar cómo esta fuga
de datos interrumpir.”

Y así se oyó a todo Hamelin chillar,
suplicar, y gemir.

Pasó una semana en esta confusión

Con ira, tristeza, y mucha tensión.

Finalmente se oyó la confesión,

Un mensaje de correo electrónico fue la razón,

Prometía cómo obtener la solución,

Y en Hamelin poner fin a esta situación.

Arreglar Problemas ➤ Bandeja de Entrada

El Flautista

A: Los Adultos de Hamelin

Soy el técnico Flautista, damas y caballeros,
He oído hablar de los problemas que sufren hoy día,
¡Esto es lo peor! Pero no teman, seré su guía.
Por un precio, puedo arreglarlos, sin mucha travesía.

Responder | Responder a todos | Reenviar

99+ Correo | Reunion

"Soy el técnico Flautista, damas y caballeros," decía,

"He oído hablar de los problemas que sufren hoy día,

¡Esto es lo peor! Pero no teman, seré su guía.

Por un precio, puedo arreglarlos,
sin mucha travesía."

El técnico Flautista a los adultos de Hamelin en la red convencía.

Entonces la gente un gran aplauso dió,

Tan fuerte que en la ciudad vecina se escuchó.

"¡Estamos salvados, la respuesta apareció!"

El precio era altísimo pero entre todos se recolectó,

Para reparar los artilugios en Hamelin, como el técnico Flautista urgió.

El Técnico Flautista, ese zorro, astuto y solapado,
Los errores él mismo poco a poco, había enviado.
Él había engañado, mentido, y espiado,
Y sobre todo, no dejaba de extorsionar, ese malvado,
Hasta que en Hamelin todos estuvieron subordinados.

$0.00

Los niños hicieron pucheros, "¿Nuestros juegos, dónde están?"

"¡Hemos pagado, y los errores no se van!

"¡Quiero más dinero!" demandó el estafador con un exigente ademán,

Pero no obtuvo más dinero en su afán,

Porque en Hamelin ya no había ni en el sótano ni el desván.

Nuevo
Nuevo
Nuevo
Nuevo
Nuevo
Nuevo

La gente dijo: "¿Qué podemos hacer?

¡Nuestras vidas están arruinadas,
vamos a perecer!"

Sin medios para trabajar, o producir
ni para comer,

¿Cómo computadoras, teléfonos, tabletas,
nuevas obtener,

Y también los hábitos inseguros de
Hamelin detener?

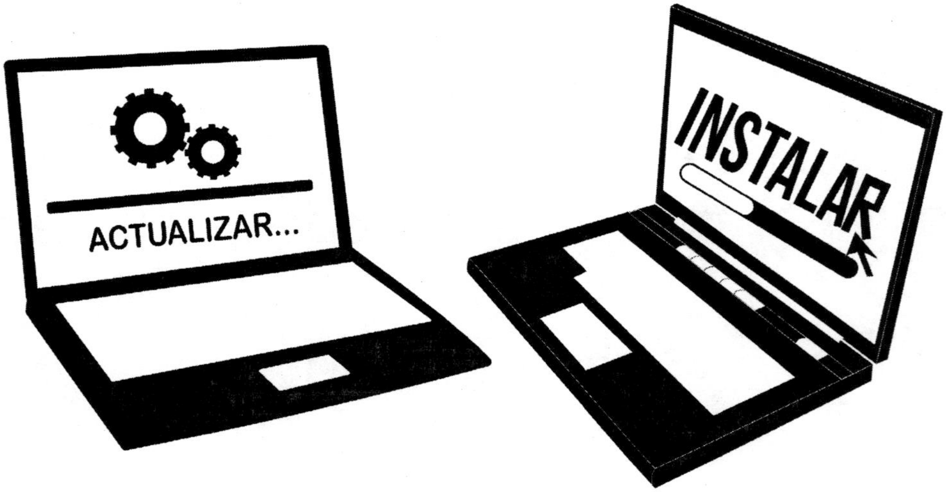
ACTUALIZAR...
INSTALAR

Si a Hamelín hoy dia vas a visitar,

Es evidente que decidieron sus métodos
cibernéticos cambiar.

Los niños a sus padres suelen escuchar

Cuando dicen "Guarda tus tabletas y sal a jugar."

A los adultos sistemas de seguridad se
les ve instalar

"Es clave para la seguridad" se les oye explicar.

Happily
EVER CYBER

Ahora ya sabes toda la historia de esta gente

Que protege su tecnología con niños y adultos en mente.

Al buscar ayuda con tus errores informáticos sé prudente ,

Para que un estafador no te tiente.

Sé consciente y siempre alerta, cualquier acción es suficiente,

¡Y en Hamelin, todos vivieron Ciber Felices Para Siempre!

Made in United States
Cleveland, OH
06 November 2026

47672910R00017